Ay...

siento

depresión !

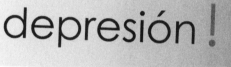

¡Ayúdenme, siento

depresión !

JOYCE MEYER

CASA
CREACIÓN

¡Ayúdenme, siento depresión! por Joyce Meyer
Publicado por Casa Creación
Una compañía de Charisma Media
600 Rinehart Road
Lake Mary, Florida 32746
www.casacreacion.com

A menos que se exprese lo contrario, todas las citas de la Escritura están tomadas de la Santa Biblia

Reina Valera Revisión 1960 © Sociedades Bíblicas
Unidas, 1960. Usada con permiso.

Director de diseño: Bill Johnson
Originally published as *Help Me, I'm Depressed!*;
Copyright © 1998 by Joyce Meyer

This edition published by arrangement with
FaithWords, New York, New York, USA.
All rights reserved.

Copyright © 2011, 2001 por Casa Creación
Todos los derechos reservados

Visite la página web de la autora:
www.joycemeyer.org

Library of Congress Control Number: 2011929680
ISBN: 978-1-61638-528-6

11 12 13 14 15 * 7 6 5 4 3
Impreso en los Estados Unidos de América

Contenido

∞

Introducción............................ ix

Parte 1 — Desatar el gozo del Señor
1. Las etapas de la depresión................ 5
2. El poder del gozo 17
3. ¡Sonreír es asunto serio!................ 27
4. Cantad y gritad con júbilo............... 37
5. Resiste a Satanás desde el principio....... 47
6. Rechazo, fracaso y comparaciones
   injustas 61
7. Escuche lo que el Señor dice
   acerca de usted....................... 79
Conclusión 81

Parte 2 — Escrituras
 - Para vencer la depresión 85
Oración
 - Para combatir la depresión 89
 - Para recibir una relación personal
   con el Señor 91
Notas finales........................... 93
Sobre la autora 95

Contenido

Introducción IX

Parte 1 — Despejar el gozo del Señor

1. En busca de la alabanza ....
2. El poder de la fe ....
3. Un corazón auténtico ....
4. Unidad regida con amor ....
5. Hablar a Satanás desde el principio ......
6. El ánimo, deseos y actitudes ante
   la batalla ....
7. Orar: la que todo exceso ....
   según Escritura ....
   ....

Parte 2 — Desaliento

Nota acerca de la depresión ....
   Tensión ....
8. Detenerse de la depresión con tensión ..
9. Una visión apasionante a una persona
   con amor ....
   Pensamientos ....
   Libreta acorde ....

Introducción

Son muchas las personas que luchan contra la depresión. La depresión tiene muchas causas subyacentes para las cuales se ofrecen una variedad de tratamientos. Algunos tratamientos son eficaces, pero hay muchos que no lo son. Algunos tratamientos ayudan temporeramente, pero nunca pueden eliminar permanentemente el tormento de la depresión. ¡Hay buenas noticias! Jesús puede curar la depresión y liberarnos de ella de la misma manera que Él puede curar cualquier otra enfermedad o problema.

En cierta ocasión, mientras me preparaba para hablar sobre la depresión, entendí claramente que Dios nos ha dado su gozo para luchar contra la depresión. Tuve una visión tan clara que me parecía como si estuviera mirando una película en la pantalla de cine.

Si usted es creyente en Jesucristo, el gozo del

Señor está dentro de usted. Muchos creyentes saben eso, pero no tienen la más leve idea de cómo desatar este recurso que nos da el Señor. Necesitamos experimentar lo que es nuestro a causa de nuestra fe en Jesucristo. *¡Es la voluntad de Dios que experimentemos su gozo!*

Muchas personas, incluyendo cristianos llenos del Espíritu Santo, no solamente han librado batallas contra la depresión, sino que confrontan grandes dificultades a causa de la depresión. Yo tuve problemas con la depresión por largo tiempo. Pero, gracias a Dios, aprendí a no permitir que me gobernara la emoción negativa de la depresión. ¡Aprendí a cómo desatar el gozo del Señor en mi vida!

El mensaje de este libro es muy sencillo, pero de gran alcance. ¡No importa lo que usted haya atravesado en su vida o lo que esté atravesado ahora, si usted es un creyente en Jesucristo, usted puede desatar el gozo del Señor y triunfar sobre la depresión!*

---

* Si no tiene una relación personal con el Señor Jesucristo, la fuente de ese gozo, vea la oración al final de este libro para aprender a cómo conocer a Jesús como su Salvador.

Nota de los editores: En las referencias bíblicas aparecen notas entre paréntesis y corchetes. Estas son notas y explicaciones de la autora y no son referencias bíblicas.

Parte I

Desatar el gozo
del Señor

I

Las etapas de la depresión

Pacientemente esperé a Jehová, y se inclinó a mí, y oyó mi clamor, y me hizo sacar del pozo de la desesperación, del lodo cenagoso; Puso mis pies sobre peña y enderezó mis pasos.

Salmos 40:1-2

I

❦

Las etapas de la depresión

En varios diccionarios la palabra *depresión* es definida como "el acto de empujar hacia abajo... un estado bajo". "Un decaimiento del espíritu; desaliento;" o "un estado de tristeza; deseo de valor, un estado bajo de fuerza".

¿Quién sufre de depresión?

Gente en todos los niveles de la vida; profesionales — doctores, abogados, profesores; obreros — trabajadores; amas de casa; los adolescentes, niños pequeños, los ancianos, solteros, viudas y viudos e incluso ministros; pueden sufrir de depresión.

La Biblia nos habla de reyes y profetas que sufrieron de depresión. David, Jonás y Elías son tres buenos ejemplos de personajes de la Biblia que sufrieron de depresión (vea Salmos 40:1, 3; 55:4, Jonás 1 y 2; 1 Reyes 19:5-8).

Creo que la razón por la cual mucha gente sufre de depresión es que cada persona en la faz de la tierra tiene que confrontarse con la desilusión. Si no sabemos tratar correctamente con la desilusión, eventualmente la decepción nos puede conducir a la depresión. He observado que la decepción es la primera fase de la depresión.

Dominando la decepción

Todos nos enfrentamos con la decepción en alguna ocasión. No hay persona alguna en la faz de la tierra a la cual todo le suceda de la manera en que él o ella espera.

Cuando las cosas no prosperan o tienen éxito según nuestro plan, lo primero que sentimos es decepción. Esto es normal. No hay nada malo en sentirnos decepcionados. Pero debemos saber qué hacer con este sentimiento, o esto se tornará en algo más serio. En el mundo no podemos vivir sin la decepción, pero Jesús siempre puede darnos nuevas esperanzas.

En Filipenses 3:13, leemos las palabras del apóstol Pablo:

...pero una cosa hago (es mi inspiración): olvidando ciertamente lo que queda atrás, y extendiéndome a lo que está delante.

¡Pablo indicó que una de las cosas de mayor importancia para él era olvidarse de las cosas que habían quedado atrás y proseguir hacia las cosas que estaban delante! Si te decepcionas, inmediatamente debes tratar de volver a ilusionarte. Eso es exactamente lo que tenemos que hacer. Vamos a dejar las fuentes de la decepción y a proseguir hacia las cosas que Dios tiene para nosotros. Alcancemos una nueva visión, plan, idea, una perspectiva fresca, una nueva manera de pensar y cambiemos nuestro enfoque. ¡La decisión de continuar adelante es nuestra!

Isaías 43:18, 19 lo dice así:

No os acordéis de las cosas pasadas, ni traigáis a memoria las cosas antiguas. He aquí que yo hago cosa nueva; pronto saldrá a luz; ¿no la conoceréis? Otra vez abriré camino en el desierto, y ríos en la soledad.

Isaías 42:9 dice:

He aquí se cumplieron las cosas
primeras, y yo anuncio cosas nuevas;
antes que salgan a luz, yo os las haré
notorias.

A través de estos versículos vemos que Dios
está dispuesto a hacer cosas nuevas en nuestra
vida. Él siempre tiene algo fresco, pero nosotros
queremos aferramos a las cosas viejas. Retene-
mos las cosas viejas en nuestros pensamientos y
nuestras conversaciones. Algunas personas quieren hablar de sus decepciones en la vida en vez
de hablar de sus sueños y visiones para el futuro.

La "misericordia" de Dios es nueva cada
mañana. "… Por que nunca decayeron sus mi-
sericordias. Nuevas son cada mañana…", (La-
mentaciones 3:22, 23). ¡Un nuevo comienzo cada
mañana! Podemos dejar atrás nuestras decepciones y darle una oportunidad a Dios hoy para
hacer algo maravilloso en nuestra vida.

Tal vez está pensando: "Joyce, yo he sido de-
cepcionado muchas veces y tengo miedo de
tener nuevas esperanzas". ¡Es exactamente en
ese lugar sin esperanzas donde Satanás te quiere
tener! Yo sé de ese lugar porque viví ahí muchos
años. Cuando me casé con Dave le tenía miedo
a todo porque había sido abusada, abandonada

y maltratada por mucha gente. ¡Hasta le tenía miedo a sentir la esperanza de que las circumstancias cambiaran!

Pero, a través de mi estudio de la Palabra de Dios, entendí que la decepción es un lugar muy triste donde vivir. Hoy día prefiero tener esperanzas en mi vida, aún sin ver resultados, que tener que vivir perpetuamente con sentimientos de decepción.

Tener esperanza no cuesta nada, al contrario, la esperanza paga generosamente. Por otro lado, la decepción es muy cara: te cuesta tu gozo y tus sueños del mañana.

Tenemos la promesa de Dios de que si ponemos nuestras esperanzas en Él nunca seremos avergonzados o decepcionados (Romanos 5:5). No creo que esto significa que nunca experimentaremos la decepción. Sí creo que ese versículo significa que no tenemos que *vivir* decepcionados. Manteniendo nuestras esperanzas en Jesús eventualmente producirá resultados positivos.

Expectativas que no se cumplen

Las expectativas que no se cumplen conducen a la decepción. Cada día tenemos diferentes expectativas. Por ejemplo, usted puede acostarse esperando tener una noche buena, cuando en medio de la noche, el teléfono suena con el número equivocado. Entonces después que se despierta, no puede volver a dormirse. Se pasa toda la noche dando vueltas en su cama y por la mañana se levanta completamente cansado.

Podemos esperar que el día sea asolado, pero en cambio llueve. Esperamos conseguir un aumento en el trabajo y no nos lo dan. Tenemos expectativas acerca de otras personas. No esperamos que buenos amigos murmuren acerca de nosotros, pero encontramos a veces que lo hacen. Esperamos que nuestros amigos nos entiendan y nos ayuden en nuestras necesidades, pero no siempre lo hacen. Esperamos cosas de nosotros mismos que no realizamos. ¡Muchas veces me he comportado de una manera que yo misma no esperaba!

Pienso que muchas veces esperamos más de nosotros mismos de lo que podemos dar y con frecuencia nos decepcionamos. Esperamos cosas de Dios que en realidad no están en sus planes para nosotros. Sí, nuestras vidas están llenas de expectativas y algunas de ellas no se cumplen.

Cuando nos decepcionamos, tenemos que decidir lo que vamos a hacer y cómo vamos a responder. He encontrado que si me quedo decepcionada por demasiado tiempo, comienzo a sentirme desalentada. El desaliento es un problema más profundo que la decepción.

El desaliento

El diccionario define *desalentado* como, "desanimado, sin valor o confianza" y el *desaliento* como, "el acto de disuasión o la disuasión de una tarea; el acto de disuadir la confianza", "el que deprime la confianza y la esperanza". Uno de los significados del desaliento es "intentar impedir...".

El desaliento es lo opuesto al valor. Cuando estamos desalentados hemos perdido nuestro valor. Creo que Dios le da valor a cada cual que cree en Él y naturalmente Satanás intenta quitárselo. El permanecer fuerte y valiente es una de las reglas más importantes para el éxito.

En el capítulo uno de Josué, Dios le dice a Josué que haría que Josué poseyera la tierra, pero que Josué tenía que permanecer fuerte y valiente (vea v. 6). Creo que Dios le estaba advirtiendo a Josué que el enemigo intentaría desalentarlo. Tenemos que conocer las tácticas de Satanás y estar listos para resistirlas desde su comienzo (1 Pedro 5:9).

Proverbios 13:12 dice: "La esperanza que se

demora es tormento del corazón…". Cuando nos desalentamos sobre algo, perdemos también las esperanzas al respecto. No podemos estar desalentados y tener esperanzas al mismo tiempo. Cuando la esperanza vuelve, el desaliento tiene que marcharse. A veces cuando luchamos para tener una buena actitud, podemos titubear entre la esperanza y el desaliento. El Espíritu Santo nos conduce a tener esperanza, y Satanás nos ataca con el desaliento.

En esta etapa es vital que el creyente alcance la victoria en el reino espiritual. Si él o ella no obtiene la victoria, su condición empeorará. Entonces él comenzará a sumirse en depresión. Un período corto de desaliento tal vez no tenga un efecto devastador, pero el desaliento a largo plazo puede tenerlo.

Para conseguir la victoria y mantener nuestra actitud de esperanza, tenemos que renovar nuestra mente con las promesas de Dios acerca de nuestra situación y detenernos en fe, creyendo que Dios hará lo que su Palabra dice que Él hará.

Las etapas de la depresión

Es también importante para el creyente poder alcanzar la victoria temprana porque una persona deprimida puede caer en otros niveles o profundidades de depresión. Los dos niveles más profundos son el abatimiento y la desesperación. Una persona levemente deprimida no cometerá o considerará el suicidio, pero una persona en la desesperación va a considerarlo.

La persona levemente deprimida puede sentirse triste y no querer hablar o salir. Ella quiere mantenerse aislada. Su pensamiento es negativo y su actitud es agria.

La persona levemente deprimida todavía puede tener algunos rayos de esperanza. Es esa esperanza que en última instancia ayudará a sacarla de la depresión.

La persona abatida tiene síntomas similares a la persona deprimida, pero los síntomas son más profundos. La persona abatida está "postrada" (en la terminología del Salmo 37:24; 42:5), apesadumbrado, caído en el espíritu, ha perdido *todo* el valor y se está hundiendo a causa de la pérdida de esperanza.

La persona desesperada, también tiene síntomas similares a la persona deprimida, pero a un nivel todavía más profundo que el individuo que está abatido. El diccionario expositivo de las palabras del Nuevo Testamento, W. E. Vine traduce la palabra *desesperación* del griego como, "estar completamente sin un camino", "estar perplejo, sin recursos".[1]

La desesperación es distinta al abatimiento ya que está marcada por la pérdida total de esperanzas, mientras que el abatimiento no. La persona abatida está desesperada, pero no ha perdido toda la esperanza. El abatimiento es seguido por el abandono de esfuerzo, o el cese de acción; la desesperación a veces está conectada con la acción violenta y con la furia.

Las personas que contenplan suicidarse, un acto violento contra uno mismo, son las personas que se encuentran sumidas en desesperación profunda. La táctica de Satanás es comenzar a conducir a alguien hacia aquel punto donde las expectativas no se han cumplidos o hay alguna otra forma de decepción.

¡Para evitar sucumbir en desesperación, es muy importante combatir depresión en sus fases iniciales!

2

El poder del gozo

Pero a medianoche, orando Pablo y
Silas, cantaban himnos a Dios; y los
presos los oían. Entonces sobrevino
de repente un gran terremoto, de tal
manera que los cimientos de la cárcel se
sacudían; y al instante se abrieron todas
las puertas, y las cadenas de todos se
soltaron.

Hechos 16:25-26

2

∞

El poder del gozo

A través de la Biblia, Dios instruye a su Pueblo a estar llenos de gozo y a regocijarse. Por ejemplo Filipenses 4:4 dice:

> "Regocijaos en el Señor siempre. Otra vez digo ¡Regocijaos!".

Cada vez que el Señor nos dice algo dos veces — como hace Pablo en este versículo — necesitamos ponerle atención a lo que Él está diciendo. El apóstol Pablo conocía el poder del gozo. Cuando él y Silas estaban en la cárcel en Filipos ellos fueron testigos del poder de la alabanza:

... más a medianoche, orando Pablo
y Silas, cantaban himnos a Dios: ...
entonces sobrevino de repente un
gran terremoto, de tal manera que los
cimientos de la cárcel se sacudían; y al
instante se abrieron todas las puertas, y
las cadenas de todos se soltaron.

Hechos 16:25-26

El mismo poder que abrió las puertas y rompió
las ataduras de Pablo, Silas y los otros prisioneros
que estaban con ellos también está hoy disponible
para las personas que están encarceladas y enca-
denadas por la depresión.

Muchas veces la gente ve y oye la palabra "re-
gocijar" y piensa, "eso suena bien, pero ¿cómo
hago eso?". ¡A ellos les gustaría regocijarse, pero
no saben como hacerlo!

Pablo y Silas, quienes habían sido golpeados,
tirados en la prisión y sus pies estaban en cadenas, se gozaban simplemente cantando alabanzas
a Dios. A veces no comprendemos que podemos
desatar el poder del gozo con una simple sonrisa
o carcajada. ¡Y cuando lo hacemos muchas veces
hacemos que el problema se vaya!

En cierta ocasión en que me preparaba para
hablar sobre la depresión, el Señor me enseñó

algo muy importante: "La gente viene para ser aconsejados porque están deprimidos. Muchos están tomando medicamentos porque están deprimidos. No entienden que una simple sonrisa es todo lo que necesitan para que la depresión comience a irse. La mayoría no entiende que así es como pueden dar el primer paso para cambiar sus circunstancias".

El cambio es muchas veces el resultado de un pequeño ajuste a nuestra forma de enfrentar una situación. El Señor me estaba diciendo: "La depresión se iría si solamente sonrieran o cantaran algunas alabanzas en mi nombre. Si se rieran un poco la depresión no se quedaría. La depresión se iría si respondieran de esa manera tan pronto empezaran a sentirse deprimidos".

Muchos están entendiendo esto por primera vez, ¡aunque las Escrituras claramente lo enseñan!

> Más el fruto del Espíritu [Santo] [el trabajo que Su Presencia alcanza] es amor, gozo (deleite), paz, paciencia (entereza), benignidad, bondad, fe, mansedumbre (docilidad, humildad), templanza (control propio); contra tales cosas no hay ley.
>
> *Gálatas 5:22-23*

Si tú tienes una relación personal con el Señor — si tú eres salvo — el Espíritu Santo mora dentro de ti, (Juan 14:16, 17; 1 Corintios 12:3). Si el gozo es un fruto del Espíritu, y el Espíritu está dentro de ti, entonces tienes gozo dentro de ti. No tienes que tratar de obtener gozo o de manufacturarlo, ya está ahí. De la misma forma también tienes la habilidad de amar y de desplegar los otros frutos del Espíritu, porque el Espíritu habita en ti.

Es bien importante entender que como creyentes no estamos tratando de conseguir *gozo*; tenemos *gozo; el gozo está en nuestro espíritu*. Lo que tenemos que hacer es aprender a desatar ese gozo.

El deleite sereno

> Pero de ninguna cosa hago caso, ni estimo preciosa mi vida para mí mismo, con tal que acabe mi carrera con gozo, y el ministerio que recibí [el cual fue confiado en mí] del Señor Jesús, para dar testimonio del evangelio (las Buenas Noticias) de la gracia (su favor sin mérito, bendiciones espirituales y misericordia) de Dios.
>
> *Hechos 20:24*

De acuerdo a la concordancia, la raíz de la palabra traducida como "gozo" en este verso significa "alegría, i.e., deleite sereno". Una palabra hebrea que se traduce "gozo" es "regocijo", "hacer feliz" o "estar unido." Otra palabra hebrea traducida "gozo" es "revolcarse, girar alrededor".

Uno de los significados de "gozo" lo podemos encontrar en Nehemías 8:10: "… porque el gozo de Jehová es vuestra fuerza y fortaleza," donde significa "estar unidos". Para que el gozo del Señor sea tu fortaleza, tienes que estar unido con Dios. ¡Estar unido con Dios trae gozo a tu vida!

Podemos mostrar gozo en muchas formas, como lo indica "revolcarse o girando alrededor", otro de los significados de la palabra. Dicho de otra forma, sería "con exuberancia física". ¡Esto no quiere decir que debemos dar brincos y vueltas las veinticuatro horas!

A veces la gente oye un mensaje que toca su espíritu y lo reconocen como la verdad. Pero, quieren aplicarlo tanto a su vida que se mueven prematuramente a las obras. Intentan hacer la obra en su propia fuerza sin darle la oportunidad a Dios de trabajar en su vida a través de la oración y el poder del Espíritu. No quiero alentar a nadie expresar el gozo del Señor en la carne.

Cuando no nos sentimos gozosos, tenemos que tomar acción para desatar este gozo antes de que comencemos a caer en la depresión. Hay veces que debemos gozarnos aunque no tengamos deseos de hacerlo. Es como cuando movemos rápidamente de arriba para abajo la llave de un grifo antiguo y esta empieza a trabajar y el agua empieza a fluir.

Me recuerdo que mis abuelos tenían un grifo antiguo. Donde ellos vivían, la gente no tenía agua corriente en la cocina. Cuando era pequeña, recuerdo que me paraba en la cocina a mover la llave y a veces me parecía como si el agua nunca iba a salir. En realidad se sentía como si el grifo no estuviera conectado a nada, y solamente emitiera aire. Pero si no me daba por vencida, mover la llave de arriba para abajo se hacía más difícil. Eso era señal de que faltaba poco para que el agua comenzara a fluir.

Así es el gozo. Tenemos un pozo de agua dentro de nuestro espíritu. La llave que podemos usar para traer ese gozo hacia arriba es la exuberancia física: la sonrisa, el canto, la risa, etcétera, etcétera. Al principio las expresiones físicas no parecen servir. Y después de un tiempo hasta se pone más difícil pero si persistimos, pronto conseguiremos un pozo surtidor de gozo.

No creo que ser "gozoso" quiera decir que debemos reirnos todo el tiempo, ni mucho menos dar brincos con una risa congelada sobre nuestra boca. Tenemos que usar la sabiduría. He tenido experiencias con cristianos supuestamente "llenos de gozo" quienes han herido mis sentimientos porque son rudos.

Me acuerdo que una vez le compartí a una amiga algo que me pasaba. Era algo que realmente me estaba doliendo emocionalmente. La respuesta de mi amiga fue una gran sonrisa y me dijo: "¡Alaba a Dios de todos modos!". Sentí como si ella me hubiese dado una cachetada.

Si ella hubiera mostrado entendimiento e interés, me hubiese podido me consolar, ministrar y ayudarme a desatar el gozo verdadero en mi vida. Pero su reacción carnal y falsa, me hirieron e hicieron mi situación peor. Cuando primero fui donde ella, estaba solamente triste. Sin embargo, cuando ella acabó conmigo estaba realmente deprimida.

Siempre tenemos que usar la sabiduría. En ocasiones tenemos deseos de danzar delante del Señor. Tal vez algo realmente emocionante nos ha pasado y sentimos que apenas podemos contener nuestros sentimientos. Pero si estamos en un restaurante o en el supermercado debemos considerar las reacciones de aquellos alrededor de nosotros. No queremos dañar nuestro testimonio haciendo a otros pensar que somos unos locos fanáticos.

Ha habido ocasiones en las que estoy con mi familia en un restaurante y les he dicho: "Tengo deseos de pararme sobre la mesa y gritar, *¡Gloria a Dios!*".

Hay veces que expresiones como esa comienzan a brotar desde lo más profundo de nuestro ser y lo correcto es darle rienda suelta. Pero si usted está en un restaurante, supermercado o algún otro lugar público, tal vez tenga que esperar a llegar a su auto.

Aunque muchas veces podemos gozarnos en grande, la mayoría del tiempo nos gozamos siendo personas alegres y contentas. Eso, de acuerdo a lo que el Señor me ha mostrado, lo logramos sonriendo y deleitándonos de la vida que Dios nos ha dado.

3

¡Sonreír es asunto serio!

"…y a la mañana vendrá la alegría."
Salmo 30:5

3

∞

¡Sonreír es asunto serio!

Tengo la tendencia a ser muy seria. ¡Pero aprendí que también tengo que tomar en serio la necesidad de sonreír!

Crecí dentro de un hogar donde la situación era mala y terminé cargando con un peso grande sobre mi vida. No tuve niñez, fui privada del gozo de mi juventud. Puedo recordar que siempre viví como si fuera una adulta porque todo en mi vida estaba lleno de seriedad. Pensé que si permanecía seria, tal vez podría sobrevivir. Con esa clase de antecedente no se puede desarrollar una personalidad burbujeante. La verdad es que soy una persona de actitud seria, lo cual puede ser mal interpretado de vez en cuando.

Una vez le dije a una de mis ayudantes que

necesitaba hablar con ella antes de que se fuera a su casa. Ella pensó que yo iba a reprenderla. Tan solo le quería hablar sobre los preparativos de nuestra próxima reunión. ¡Yo me había acercado a ella tan seriamente, que ella sintió que estaba en un problema serio!

Comencé a buscar del Señor para encontrar libertad de esa seriedad. El Señor me ministró y me dijo que tenía que aprender a expresar más el gozo que está dentro de mi corazón. Él sabe que está allí, pero Él quiere que lo manifestemos para que otros lo vean y sean bendecidos.

Recuerdo que el Señor me ministró este concepto una mañana mientras me bañaba. Empecé a hablarle como lo hago todas las mañanas y cuando Él habló a mi corazón y me dijo: "Me gustaría que te sonrieras cuando hables conmigo".

Mi rostro no quería sonreír. Eran las seis de la mañana y a esa hora cualquier cara está tiesa, pero obedecí y empecé a sonreír. Me sentí un poco estúpida porque estaba sonriendo en la bañera y pensé: *¡Qué bueno que nadie me puede ver!*

El Salmo 30:5 nos dice, "…en la mañana vendrá la alegría". En la mañana, cuando tú abres tus ojos, el gozo está ahí contigo. No siempre puedes sentir ese gozo, hasta que lo activas y comienzas a usarlo con el propósito para el que te fue dado. Muchas veces la decisión de tener gozo viene primero y después le siguen los sentimientos.

Cuando el gozo es obvio en tu vida, otras personas se contagian. Pero cuando el gozo solo está dentro de ti sin ser evidente a otros puede crear un ambiente alrededor de ti tan serio que solamente trae pesadumbre.

Una noche cuando estaba hablando con Dave, él me dijo: "Creo que hay mucha seriedad en nuestra casa".

Comencé a pensar en sus palabras y le pregunté al Señor: "Dios, no creo que haya nada malo en mi vida. Me paso la vida orando, estudiando, amándote y cuidando a mi familia. ¿Que es lo que Dave está sintiendo?".

El Señor me ministró y me mostró que podemos tener un relación con Él fuerte sin tener que ser tan serios. A veces somos tan serios que la gente no sabe cómo reaccionar frente a nosotros.

Entendí que como ama de casa, soy responsable de crear el ambiente de mi hogar. El gozo es "luz" y la angustia es "oscuridad". Los dos no pueden habitar juntos. Si quiero que mi hogar esté lleno de luz, yo necesito "alegrarme". Me percaté de que necesitaba sonreírle más a las personas en mi casa, no solamente darle órdenes a mis hijos acerca de sus tareas, sino también sonreírme mientras doy esas instrucciones. Necesitaba pasar tiempo riendo con Dave y mis hijos.

Nuestros hogares deben de ser lugares felices. Debemos manifestar el gozo del Señor. Si una mujer tiene gozo, su esposo estará feliz de regresar a su casa. Todo el mundo quiere regresar a un lugar feliz. Si él tiene un jefe grosero y compañeros de trabajo que que se la pasan quejándose, le puedo asegurar que él no quiere lo mismo en su casa.

Claro, el esposo y los hijos tienen que poner de su parte para hacer del hogar un lugar feliz. El gozo es contagioso. Una persona lo tiene y después otra y luego otra, y antes de que lo sepas, ¡todo el mundo está feliz!

El gozo cambia las circunstancias

Hay veces que uno llega a un punto en el diario caminar con Dios donde sentimos que estamos estancados. Sabemos que hay mucho más, pero podemos sentir que hay algo que está impidiendo recibir ese más.

Dave y yo llegamos a ese punto en el área de la prosperidad. Habíamos ido de un lugar en el cual prácticamente no teníamos nada, a otro lugar en el cual no teníamos que preocuparnos de cómo íbamos a pagar nuestras deudas. Dios nos estaba bendiciendo grandemente. Pero yo sabía que Dios tenía mucho más para nosotros.

Dios nos quiere bendecir. Él desea que vivamos en buenas casas, que conduzcamos buenos autos y que usemos buena ropa. Nosotros somos sus hijos y Él quiere cuidarnos. Los inconversos no deben de tener todas las cosas buenas mientras que los creyentes viven solamente con lo esencial.

Hay ciertas cosas y acciones que generan la prosperidad porque son principios bíblicos. Recibimos del Señor cuando nuestra motivación en dar es porque amamos a Dios y queremos que el Evangelio prospere. Lucas 6:38 dice que cuando diezmamos, Dios reprende al devorador por nuestra causa, (Malaquías 3:10, 11).

Dave y yo estabamos experimentando la clase de prosperidad que se recibe cuando se da y se diezma, pero sentía en mi espíritu que nosotros estábamos listos para entrar a otro nivel. Le pregunté al Señor que me enseñara lo que estaba bloqueando el fluir de la prosperidad. Una de las cosas que el Señor me ministró fue que el gozo es parte del receptáculo para recibir cosas de Él.

Cuando no mostramos gozo en nuestras vidas estamos frenando la prosperidad.

Si el gozo del Señor está en su interior, pero no se sonríe ni muestra su brillo, usted se verá agrio. Desde el punto de vista natural, la forma en que las personas se comportan con usted depende mucho de como usted le cae, como ellos los perciben. Usualmente, la gente no quiere bendecir o ayudar a una persona que parece que está enojada.

Todos sabemos cómo sonreír. Es uno de los regalos de Dios. Una sonrisa hace que la gente se sienta bien y la gente se ve tan hermosa cuando sonríe. Nunca pensé que el sonreír era un asunto tan serio, pero Dios pasó muchos meses tratando de enseñarme este punto. Muchas veces cuando Dios trata de decirnos algo y no escuchamos nos ocasionamos serios problemas. Buenas cosas vendrán a nuestras vidas si aprendemos a expresar el gozo a través del deleite sereno de la sonrisa. Una de esas cosas es que reflejamos la luz de Jesús a otros.

En la Biblia, el Señor le dijo a su Pueblo que se goza cuando se enfrentara a sus enemigos. Él les dijo que se regocijaran cuando fueran a la batalla, aunque les pareciera que iban a morir. Les dijo que se regocijaran sin importar la situación; que cantaran y alabaran a Jehová con voz de trueno (2 Crónicas 20).

Tenemos que considerar un "gozo" las circunstancias difíciles por las cuales todos atravesamos en la vida. La Biblia nos dice que debemos tenerlas "por sumo gozo", (vea Santiago 1:1-5).

Dios le habló a mi corazón y me dijo que la mayoría de la gente no sabe cómo expresar gozo cuando sus circunstancias cambian para mal. Operando en el gozo del Señor ahuyenta las circunstancias que no son divinas porque ellas están llenas del enemigo. Satanás no soporta el gozo del Señor, así que si operas en ese gozo, Satanás y las circunstancias negativas se moverán fuera del camino. Desatando el gozo del Señor en la mañana detiene las circunstancias que Satanás está colocando en tu camino antes de que empieces el día.

4

Cantad y gritad de júbilo

Alegraos en Jehová y gozaos, justos (tú que te levantas rectamente delante de Él); y cantad con júbilo todos vosotros los rectos de corazón.

Salmo 32:11

4

❧

Cantad y gritad de júbilo

La palabra de Cristo more en abundancia en vosotros, enseñándoos y exhortándoos unos a otros en toda sabiduría, cantando con gracia en vuestros corazones al Señor con salmos e himnos y cánticos espirituales. Y todo lo que hacéis, sea de palabra o de hecho, hacedlo todo en el nombre del Señor Jesús, dando gracias a Dios Padre por medio de él.

Colosenses 3:16, 17

Cántale al Señor

Ya hemos visto el poder que el gozo y el regocijo tienen para ayudarnos a superar la depresión. En el versículo arriba mencionado, el apóstol Pablo nos dice que una de las maneras de expresar nuestro gozo y regocijo de acuerdo con la Palabra de Dios es cantando salmos, himnos y canciones espirituales.

En Efesios 5:19-20, Pablo nos instruye: "Hablando entre vosotros con salmos, con himnos y cánticos espirituales, cantando y alabando al Señor en vuestros corazones; dando siempre gracias por todo al Dios y Padre, en el nombre de nuestro Señor Jesucristo".

Debemos tener conversaciones gozosas con otros y hablemos de lo que dice la Palabra de Dios.

¡Cantad y gritad liberación!

> Tú eres mi refugio; me guardarás de la angustia; con cánticos de liberación me rodearás...
>
> *Salmo 32:7*

> Alegraos en Jehová y gozaos, justos: y cantad todos vosotros los rectos de corazón.
>
> *Salmo 32:11*

En el Salmo 5:11 David le dice al Señor:

Pero alégrense todos los que en ti confían; den voces de júbilo para siempre, porque tú los defiendes; en ti se regocijen los que aman tu nombre.

Unos años atrás, en el mercado estadounidense, se promovió mucho un detergente de lavar ropa llamado "Shout" (Grita) el cual tenía el siguiente lema publicitario: "¡Grítale a las manchas difíciles!". Ese lema me inspiró a predicar un mensaje llamado "Grítale". En ese mensaje yo le decía a los creyentes que cuando Satanás viniera a molestar y a perturbar, ellos debían gritarle "fuera" de sus vidas.

En mi propia vida, yo era una persona que chillaba mucho, pero no gritaba. Hay una diferencia. Finalmente, el Señor me dijo: "Joyce, si no aprendes a gritar vas a terminar chillando. ¿Qué quieres hacer?".

Así que cuando las cosas empiezan a ir mal en mi vida, en vez de chillar lo más alto posible, he aprendido a gritar alabanzas al Señor. Yo le grito a lo difícil. Debes de tratarlo, es mejor que vociferar enojado y frustrado.

Como David, me rodeo de cánticos de liberación. He notado que comienzo a sentirme mejor cuando hago eso. Como dijo David:

"Los cánticos de liberación son una pared de protección rodeándome en todos lados".

Los cánticos de liberación también pueden destruir paredes y fortalezas. En Josué 6:20 leemos cuando el Señor dirigió al pueblo de Israel a gritar para tumbar las paredes de Jericó: "Entonces el pueblo gritó, y los sacerdotes tocaron las bocinas; y aconteció que cuando el pueblo hubo oído el sonido de la bocina, gritó con gran vocerío, y el muro se derrumbó. El pueblo subió luego a la ciudad, cada uno derecho hacia adelante, y la tomaron".

¡Eso no quiere decir que tú y yo debemos ir alrededor de nuestra ciudad gritando con gran vocerío! Pero en nuestra casa no hay nada que nos impida levantarnos en la mañana con una canción en nuestros labios y alabanza en nuestra boca al Señor, es una manera de disipar la depresión en el ambiente.

A mí me gustaba que el ambiente en mi casa estuviera callado y tranquilo, especialmente en la mañana. Era mi tiempo para pensar y meditar. Pero, en realidad no pensaba productivamente, sino que terminaba preocupándome y razonando excesivamente acerca de las cosas que no podía solucionar. Lo que necesitaba hacer era orar y confiar en el Señor acerca de esas cosas.

Inmediatamente después de levantarse, mi esposo empezaba a cantar o a susurrar una canción. A mi esposo le hubiera gustado oír música, pero yo me quejaba si él ponía la música, diciéndole que quería silencio. Desde entonces, he aprendido a oír música cuando empiezo mi día. Además, la música forma parte de mi tiempo de oración y confraternidad con Dios.

Dios habló a mi corazón muy claramente en varias ocasiones diciéndome que no escuchaba suficiente música. Tuve que desarrollar ese hábito. Primero, lo hice en obediencia. Mi costumbre era estar en silencio y me gustaba continuar de esa forma, aunque no era la mejor manera de comenzar mi día.

No estoy diciendo que no necesitamos momentos de silencio; porque sí los necesitamos. Dios habla en el momento apacible y esos son momentos preciosos. Pero yo estaba fuera de balance. Necesitaba empezar mi día feliz y la música me ayudaba a hacer eso.

Aun el rey David, el gigante espiritual de la alabanza, tuvo que batallar con la depresión. David dijo "canta y grita por júbilo". Para vencer sus sentimientos abatidos, él utilizó canciones y gritos de liberación. Por eso es que muchos de los Salmos son canciones de alabanza al Señor para ser cantadas en medio de situaciones turbulentas.

Cuando me siento triste, a menudo leo los Salmos en voz alta porque sé que las promesas en la Palabra de Dios se cumplen cuando las leemos y confesamos, sin importar cómo nos sintamos.

A eso era lo que Pablo se refería cuando le escribió a los corintios: "Porque todavía sois carnales: pues habiendo entre vosotros celos, y contiendas, y disensiones, ¿no sois carnales, y andáis como hombres?" (1 Corintios 3:3).

En otras palabras, esta gente no estaba haciendo lo que la Palabra de Dios les instruía, pero estaban haciendo lo que les daba la gana. Pablo les dijo que por hacer eso estaban operando en la carne y no en el Espíritu Santo. En Gálatas 6:8, Pablo advirtió que "...el que siembra para su carne, de la carne segará corrupción; más el que siembra para el Espíritu, del Espíritu segará vida eterna".

Por eso tenemos que aprender como David a hablarle a nuestro espíritu, a nuestra alma, al hombre interior; de lo contrario, podemos perder control y llegar a la ruina y la destrucción.

Espera en Dios con expectación

¿Porqué te abates, oh alma mía, y te turbas dentro de mí? Espera en Dios; porque aún he de alabarle, Salvación mía y Dios mío.

Salmo 42:5

¿Se siente abatido su espíritu? Hay veces que el mío se siente abatido al igual que el de David. Cuando él se sintió de esa manera, cuando su alma se estaba quejando y lamentando, David puso su esperanza en Dios y esperó pacientemente por Él, alabándole como su ayuda y su Dios.

Esto debe ser un asunto importante para David porque en el versículo 11 del mismo Salmo lo repite en casi las mismas palabras: "¿Porqué te abates, oh alma mía, Y por qué te turbas dentro de mí? Espera en Dios; porque aun he de alabarle, Salvación mía y Dios mío".

David supo que cuando uno se siente triste, la cara lo refleja. Por eso se hablaba a él mismo, su alma (mente, voluntad y emociones), y se daba aliento y fuerza en el Señor, (1 Samuel 30:6).

Cuando nos encontremos en esa misma situación debemos esperar pacientemente por el Señor, alabadle a Él que es nuestra ayuda y nuestro Dios, y recibir aliento y fuerzas de Él.

Nosotros, los justos — parados bien con Dios y creyendo en Jesucristo —, nosotros que nos refugiamos y ponemos nuestra confianza en el Señor, ¡podemos cantar y gritar con júbilo! El Señor nos cubre y nos defiende. ¡Él pelea nuestras batallas cuando le alabamos! (2 Crónicas 20:17, 20, 21).

5

Resista a Satanás desde el principio

Al cual resistid firmes en la fe…

1 Pedro 5:9

5

⦿

Resista a Satanás desde el principio

La depresión tiene muchas causas, pero un sólo origen: Satanás. Él quiere mantenernos presionados y sintiéndonos mal en torno a nosotros mismos para que no recibamos todo por lo cual Jesús murió para darnos. Uno de sus instrumentos más grandes para hacernos sentir mal es la condenación.

Una de las causas de la depresión es la condenación. Satanás la utiliza para robarnos nuestro gozo. Él sabe que "el gozo del Señor" es nuestra "fortaleza" contra él, (Nehemías 8:10). Satanás nos quiere débiles e inactivos.

La gente puede estar deprimida por alguna razón física. Con frecuencia los enfermos también están deprimidos. La depresión puede ser causada por un desequilibrio químico o por cansancio extremo. Si el cuerpo es reducido a causa de la tensión nerviosa o del cansancio, la persona se puede mejorar simplemente usando sabiduría y obteniendo el descanso y la nutrición necesaria. Si la causa de la depresión es un desequilibrio químico u otros problemas físicos entonces es prudente obtener asistencia médica.

En otras palabras, el escuchar música, cantar y gritar no va a ayudar a las personas que están a punto de un colapso por causa del cansancio. Tampoco va a resolver el problema de las personas cuyos cuerpos no están funcionando apropiadamente a causa de hormonas o químicos fuera de balance. Necesitamos ponerle atención a nuestras necesidades físicas.

La depresión puede ser causada por aspectos emocionales, físicos, mentales, o espirituales. David estaba deprimido porque tenía pecado en su vida que no había confesado (vea Salmo 51). Jonás estaba deprimido porque estaba huyendo del llamado de Dios y estaba viviendo en desobediencia (vea Jonás 1 y 2). Elías estaba deprimido porque estaba cansado. 1 Reyes 19:5 dice que el ángel del Señor alimentó a Elías dos veces y dejó que durmiera.

Muchas veces no podemos poner todas las causas de un problema en una caja y sacar una respuesta correcta. Pero, Jesús siempre es la respuesta correcta, no importa qué haya usado Satanás para causar la depresión. Jesús nos dirige a la victoria cuando le seguimos. Él nos enseña a cada uno lo que necesitamos hacer para vivir vidas llenas de gozo.

No importa la causa, tan pronto sintamos que la depresión viene, tenemos que resistirla inmediatamente y actuar de la manera en que el Señor nos dirija.

No coquetee con Satanás

No juegue con la depresión. Tan pronto nos sentimos decepcionados, tenemos que decirnos, "Tengo que hacer algo antes de que se empeore". Si no lo hacemos, nos vamos a desalentar y después a deprimir. Jesús nos dio el "manto de alegría en lugar del espíritu angustiado", (Isaías 61:3). Si no usamos lo que Dios nos ha dado, nos vamos a hundir en el pozo de la depresión y podemos terminar en grandes problemas.

A menudo digo que cuando sabemos qué hacer y no lo hacemos, estamos "coqueteando con Satanás". En el mundo, un hombre o una mujer puede coquetear con alguien en la oficina y nunca llegar a cometer adulterio. Pero nosotros no podemos coquetear con Satanás así. Una vez que abrimos la puerta, él puede meter su pie. Una vez que tiene un pie en la puerta, puede obtener un lugar fuerte. Satanás progresa y es agresivo en sus acciones en contra de nosotros. Cuando nos enfrentamos a Satanás, tenemos que ser agresivos.

Recuerdo cuando Dios me reveló el error de la autocompasión. Él me dijo que no podemos tenernos lástima y ser poderosos al mismo tiempo. Yo había vivido casi todo el tiempo en autocompasión. En ese momento, hice un pacto de no dejar que las emociones negativas gobernaran mi vida. Cuando algo no iba de la manera que yo quería y empezaba a tener lástima de mi misma, resistía ese sentimiento inmediatamente. Si permitía que el sentimiento anidara, hubiese progresado a algo más profundo.

Recuerdo la vez que pensé que quería sentirme deprimida solo por un tiempo y que después haría lo debido para salir de ese estado. Estaba sentada en mi silla de oración, tomándo café. Dave había herido mis sentimientos y yo sentía lástima de mí. Sabía que no me podía quedar ahí, pero no estaba lista para abandonar ese sentimiento, era como si quisiera tomar una taza de café con el "Señor Autocompasión". Eso tal vez no suena muy dañino, pero tal vez es todo lo que Satanás necesita para ocupar un lugar fuerte en su vida, un lugar del que luego no puede salir rápidamente.

Dios nos cubre hasta cierto punto cuando somos ignorantes y no sabemos lo que estamos haciendo. Pero cuando conocemos lo correcto y decidimos hacer lo incorrecto entramos en una arena diferente. Dios todavía nos ama y desea ayudarnos, pero tenemos más responsabilidad. El conocimiento conlleva responsabilidad.

Alguien me contó la siguiente historia durante una conferencia donde yo estaba enseñando sobre el pecado y cómo manejarlo. La historia demuestra el punto que yo estaba haciendo:

Una niña estaba caminando en un camino montañoso. Mientras subía la montaña, la temperatura se tornó muy fría. Durante su jornada, una serpiente se le acercó y le dijo: "Por favor recógeme que tengo frío". La niña dijo: "No puedo hacer eso". La serpiente respondió: "Por favor dame calor". Ella se dio por vencida y le dijo: "Tú te puedes esconder dentro de mi abrigo". La serpiente se enrolló y empezó a sentirse caliente. La niña pensó que todo estaba bien cuando de repente, la serpiente la mordió. La niña dejó caer a la serpiente y le dijo: "Confié en ti, ¿por qué me mordiste?". La serpiente le dijo: "Tú sabías lo que yo era cuando me recogiste".

Si coqueteamos con Satanás, siempre saldremos heridos. Estamos en peligro si nos negamos a ponernos la vestidura de alabanza porque no queremos. Asi es como le abrimos la puerta a problemas más profundos que luego traen serias consecuencias.

Resista la depresión inmediatamente

Sed sobrios (balanceados, templados de mente), y velad; porque vuestro adversario el diablo, como león rugiente, anda alrededor buscando a quien devorar; al cual resistid firmes en la fe (desde el principio, fuerte, inmutable, determinado), sabiendo que los mismos padecimientos se van cumpliendo en vuestros hermanos en todo el mundo (el Cuerpo de Cristo completo).

1 Pedro 5:8, 9

El resistir a Satanás desde un principio, detendrá prolongadas batallas con la depresión.

Nosotros resistimos a Satanás sometiéndonos a Dios y manejando nuestra espada del Espíritu, su Palabra (Efesios 6:17).

Cuando Jesús fue tentado tres veces por Satanás en el desierto, Él no respondió emocionalmente; sus respuestas no estaban basadas en sus emociones. Él solamente dijo, "Porque escrito está... escrito está... escrito está..." (Lucas 4:4, 8, 10). Esa es la manera que debemos resistir a Satanás cuando viene a tentarnos con condenación, depresión u otra cosa que él nos está tratando de dar.

Usted y yo debemos entender y recordar que la depresión no es parte de nuestra herencia en Jesucristo. No es parte de la voluntad de Dios para sus hijos. Cada vez que sintamos algo que no es parte de la voluntad de Dios para nosotros, ahí tenemos que manejar la afilada espada de doble filo, la Palabra de Dios, (Hebreos 4:12). La Biblia nos ha prometido que si resistimos a Satanás firmemente, desde un principio, él huirá de nosotros, (Santiago 4:7, 1 Pedro 5:8, 9).

En el momento que empezamos a experimentar cualquier sentimiento de depresión traído por la condenación, sentimiento de culpa, remordimiento o pena, necesitamos pararnos firmes en la

Palabra de Dios y rechazar los sentimientos negativos que nos hunden.

En Isaías 61:1-3, vemos cómo Jesús fue ungido y enviado por Dios a predicar "las buenas nuevas a los abatidos, a vendar a los quebrantados de corazón, a publicar libertad a los cautivos, y a los presos apertura de la cárcel... a consolar a los enlutados... les dé gloria en lugar de ceniza, óleo de gozo en lugar de luto, manto de alegría en lugar del espíritu angustiado".

En Cristo no hay condenación

> Ahora, pues, ninguna condenación hay para los que están en Cristo Jesús, los que no andan conforme a la carne, sino conforme al Espíritu.
>
> *Romanos 8:1*

De acuerdo con las Escrituras, nosotros los que estamos en Cristo Jesús no somos condenados más; ya no somos juzgados como culpables. Sin embargo, muchas veces nos juzgamos y condenamos a nosotros mismos.

En mi propio caso, viví una gran parte de mi vida sintiéndome culpable hasta que aprendí y entendí la Palabra de Dios. Si alguien me hubiera preguntado por qué me sentía así no hubiese podido responder. Todo lo que entendía y conocía era ese borroso sentimiento de culpabilidad que me seguía todo el tiempo. Afortunadamente, cuando empecé a entender la Palabra de Dios, pude vencer ese insistente sentir.

Un corto tiempo atrás atravesé un período en el cual tenía ese viejo sentimiento de culpabilidad. Me tomó unos cuantos días para reconocer lo que me estaba pasando porque había transcurrido tanto tiempo desde que lo había experimentado.

De esa experiencia, Dios me dio una revelación divina acerca de cómo caminar libre de culpa y condenación. Él me enseñó que debemos recibir perdón de Dios y al mismo tiempo nos tenemos que perdonar a nosotros mismos. Tenemos que olvidarnos de las cosas por las cuales ya el Señor nos perdonó y olvidó, (Jeremías 31:34, Hechos 10:15).

Eso no quiere decir que ahora somos perfectos e incapaces de cometer errores. Solo quiere decir que podemos vivir sin el peso de la carga de culpa y condenación por las cosas que pertenecen al pasado. Mientras estemos haciendo lo mejor posible, nos hayamos arrepentido de nuestros pecados y nuestro corazón esté recto delante de

Jehová, podemos estar libres de la carga de culpa y condenación.

Dios no solamente mira lo que hacemos; Él mira nuestro corazón. Él sabe que si nuestro corazón está recto delante de Jehová, entonces nuestras acciones eventualmente van a coincidir con nuestro corazón.

Durante el período en el cual me estaba sintiendo culpable y condenada, todo lo que hacía me molestaba. Me sentía culpable y condenada por cualquier error que cometía. Finalmente le dije a mi esposo: "Dave, creo que estoy siendo atacada por un espíritu de condenación".

Eso pasa de tiempo en tiempo a cada uno de nosotros. De repente nos levantamos un día y sin ninguna razón nos sentimos como si hubiésemos hecho algo malo. Si esa emoción continúa, debemos preguntarnos: "¿Qué está mal conmigo?".

En este tiempo necesitamos ejercer nuestra autoridad espiritual. Esta autoridad se nos ha otorgado sobre fuerzas demoníacas a través del nombre y por la sangre de Jesús. Es aquí donde necesitamos la Palabra de Dios para vencer los poderes que nos tratan de robar nuestra paz y nuestro gozo en el Señor.

Dios quiere ayudarnos

Algunas personas tienen una personalidad naturalmente "alta" y no tienen problemas con la depresión. Pero hay muchas otras; incluyendo cristianos llenos del Espíritu y nacidos de nuevo, que sufren de depresión regularmente.

Si usted está sufriendo de depresión debe entender que Dios lo ama más de lo que se imagina y a Él le importa su problema. Él no quiere que usted sufra más. Pero si se deprime otra vez, no tienes por que sentirse culpable o condenado.

Yo aplico diariamente a mi vida los principios que he presentado en este libro. Si no lo hiciera, estuviera deprimida de cuatro a cinco días por semana. Creo que es casi imposible deprimirse si logramos mantener nuestra mente bajo control estricto. Por eso Isaías 26:3 dice: "Tú guardarás en completa paz a aquel cuyo pensamiento en ti persevera; porque en tí ha confiado".

Si estamos en paz perfecta y constante, entonces no estaremos deprimidos. El 99.9 por ciento de nuestros problemas empiezan en nuestra mente.

Tú guardarás en completa paz a aquel cuyo pensamiento en ti persevera; porque en ti ha confiado. Confiad en

Jehová perpetuamente, porque en Jehová el Señor está la fortaleza de los siglos.

Isaías 26:3, 4

6

Rechazo, fracaso y comparaciones injustas

Aunque mi padre y mi madre me dejaran, Jehová con todo me recogerá.

Salmo 27:10

6

∞

Rechazo, fracaso y comparaciones injustas

El rechazo causa depresión. El ser rechazado significa que lo están botando como si no tuviera ningún valor. Nosotros fuimos creados para ser aceptados, no rechazados. El dolor emocional del rechazo es conocido como uno de los dolores más profundos que uno puede experimentar. Especialmente si el rechazo viene de alguien a quien uno ama o espera que lo ame, como los padres o el cónyuge.

Conozco una mujer que estaba profundamente deprimida la mayoría del tiempo aunque era cristiana y tenía una familia hermosa. Su depresión provenía a causa de que ella había sido adoptada. Tenía un profundo sentir de que había algo malo con ella y por eso no fue rechazada por sus padres y entregada en adopción. Ella lo expresó diciendo que se sentía como si tuviera un vacío muy grande en su corazón el cual no podía llenar.

Ella necesitaba desesperadamente *recibir* el amor de Dios. Enfatizo "recibir" porque mucha gente sabe que Dios les ama, pero no es una realidad en sus vidas, aunque lo dicen con sus bocas.

El Salmo 27:10 dice:

> Aunque mi padre y mi madre me dejaran, Jehová con todo me recogerá (adoptara como hijo).

Dios la había aceptado y amado mucho, pero ella estaba arruinando su vida tratando de buscar algo que ella nunca tendría: el amor de sus padres naturales.

Ese anhelo la deprimía. Satanás había tomado ventaja de sus emociones y había entrado por esa puerta abierta desde muy temprano en su vida. La depresión se había convertido en algo habitual. Estaba tan acostumbrada a ese sentimiento, que vivir con esos sentimientos negativos era fácil.

Cuando Jesús nos salva de nuestros pecados nuestras emociones no son salvas. Es posible que todavía tengamos muchos sentimientos negativos.

Pero en el momento de nuestra salvación — el momento en que aceptamos a Jesucristo como nuestro Señor y Salvador y creemos en Él — recibimos el fruto del Espíritu Santo.

Uno de esos frutos es templanza (Gálatas 5:22, 23). Ese es el fruto del Espíritu que nos va a salvar de las emociones negativas. Nosotros aprendemos lo que la Palabra de Dios tiene que decir de las emociones negativas. Después empezamos, con la ayuda del Espíritu Santo, a controlar todo lo negativo y a no darle expresión en nuestros cuerpos.

Esta mujer joven, aunque cristiana, estaba viviendo en el mundo carnal. Ella estaba siguiendo impulsos ordinarios. Ella necesitaba valorarse sobre la base de que Jesús la amaba suficientemente como para morir por ella. Necesitaba detener el sentimiento de que no era querida y que no tenía valor porque sus padres la abandonaron. Ella obtuvo su victoria eventualmente, pero fue una batalla larga y difícil.

Si usted está deprimido, tal vez es porque hay una raíz de rechazo en su vida. Superar el rechazo no es fácil, pero puede ser vencido a través del amor de Jesucristo.

En Efesios 3:18, 19 Pablo oró por la Iglesia para que "...comprender con todos los santos cuál sea la anchura y la longitud y la profundidad y la altura, y conocer el amor de Cristo, que excede a todo conocimiento, para que seáis llenos de toda la plenitud de Dios".

Observe todas las maneras por las cuales Dios enseña su amor por usted y superará el rechazo que ha experimentado por parte de otra gente.

Un ejemplo: mientras estaba trabajando en este capítulo del libro, recibí una llamada telefónica que me decía que un pastor bien conocido me había llamado. Él tiene muchos servicios en su iglesia, pero nunca quería que otros ministerios usaran su edificio. Este pastor se rehusaba a que ministerios como el mío usaran el auditorio de su iglesia, pero llamó diciendo que ¡Dios le había puesto en su corazón que nos dejara usar su iglesia!

Lo cierto es que nosotros ya no cabíamos en la iglesia que estábamos usando y necesitábamos otro edificio. La única opción que teníamos era el centro cívico, el cual era muy costoso.

A veces dejamos que cosas tan sencillas como esa ocurran y no reconocemos que ese es Dios demostrándonos su amor. Cada vez que Dios nos da su favor, nos enseña que Él nos ama. Hay tantas maneras en las cuales Él nos enseña su amor;

solamente necesitamos observar cuidadosamente. Si tenemos una revelación profunda del amor de Dios eso nos guardará de la depresión.

Cuando la gente nos rechaza, Jesús lo toma personalmente. Lucas 10:16 dice: "El que a vosotros oye, a mí oye; y el que a vosotros desecha, a mí desecha; y el que a mí desecha, desecha al que me envió".

Piensa en eso, si alguien nos desaira, Jesús lo toma personalmente. Es malvado rechazar a otra persona. Santiago 2:8, 9 nos enseña que el amor es la nueva ley y que: "... Si en verdad cumplís vosotros la ley real, conforme a la Escritura: Amarás a tu prójimo como a tí mismo, bien hacéis: Más si hacéis acepción de personas, cometéis pecado, y sois reconvenidos de la ley como transgresores". Estamos rompiendo la ley del amor.

Aunque el rechazo es algo malvado, nosotros no tenemos que dejar que Satanás controle nuestras emociones y nos deprima. Romanos 12:21 dice: "No seas vencido de lo malo; más vence con el bien el mal".

Es bueno poner una sonrisa en nuestra cara y estar gozosos a propósito. Ésto vencerá el mal del rechazo y el resultado de la depresión.

Fracaso

Nosotros estamos programados por la sociedad a creer que ganar es todo y que el éxito significa tener una vida sin fracaso. Sin embargo, creo que el fracaso es parte del verdadero éxito.

Lo que quiero decir con esto es que todo el mundo que va camino hacia arriba tiene cosas que aprender. La gente no es humilde automáticamente, todos tenemos que luchar con una porción generosa de orgullo. Incidentes de fracaso producen humildad en nuestro carácter rápidamente.

Pedro fue un apóstol poderoso. Podemos decir que Pedro fue un éxito y llegó a la cima, él obedeció al Señor. Dios logró grandes cosas para el Reino a través de Pedro. Pero Pedro fracasó miserablemente cuando negó tres veces a Jesús. Pablo también fue un hombre poderoso, sin embargo, dijo que tenía muchas debilidades. David fue tremendo rey, salmista y profeta, pero fracasó cuando cometió adulterio con Betsabé y ordenó que mataran a Urías.

Hoy día tengo un ministerio grande y conocido, pero he cometido muchos errores y fracasé muchas veces en el camino hacia la posición que hoy tengo. Habían veces que pensaba que estaba oyendo a Dios, pero descubría que no era así.

Perseguía cosas que no eran la voluntad de Dios para mi vida y después tenía que ceder, algunas veces muy avergonzada. En ocasiones no traté a la gente con el amor y la compasión de Jesús.

Mis fracasos me decepcionaron y a veces me desalentaron, hasta me deprimieron. Esa era mi reacción normal hasta que entendí que Dios usa mis debilidades para bien, desarrollando mi carácter para hacerme una mejor persona.

El fracaso le sobreviene a una persona cuando pierde su deseo de seguir luchando. Mantengo la perspectiva que Satanás me puede tumbar, pero no derrotar. Fallar en algo es bastante diferente a ser un fracaso. Debemos aprender a separar nuestro "yo" de nuestros "puedos". Tal vez "puedo" fallar en algo pero "yo" no soy un fracaso. Soy un hijo de Dios el cual está todavía cambiado en Su imagen, de gloria en gloria (2 Corintios 3:18).

El fracaso no causa la depresión, es nuestra actitud hacia el fracaso. Si creemos que Dios es mayor que nuestros fracasos, ¡entonces no tienen ningún poder sobre nosotros! Nuestra debilidad es una oportunidad para Él mostrar su fuerza. Romanos 5:20 dice: "...pero la ley se introdujo para que el pecado abundase; mas cuando el pecado abundó, sobreabundó la gracia". ¿Cómo puede fallar alguien con un sistema así?

No permita que sus debilidades y fracasos lo depriman. Gózese en el conocimiento de que gracias a Jesús, usted no tiene que permanecer en esa condición. Muchas de las personas que viven sin el Señor en sus vidas sufren de depresión cuando las cosas fallan, pero nosotros podemos ir a Jesús. ¡Eso le debe llenar de felicidad, tristeza!

Comparaciones injustas

La depresión puede ser causada cuando comparamos nuestras vidas con las de otros. Podemos mirar a otras personas y preguntarnos por qué no somos como ellos, por qué no nos parecemos a ellos, por qué no conocemos lo que ellos conocen, por qué no poseemos lo que ellos poseen o por qué no hacemos lo que ellos hacen. Es interesante notar que Satanás nunca indica lo que ellos no tienen, solamente lo *que ellos tienen* y *nosotros* no tenemos.

Los otros pueden tener algunas cosas que nosotros no tenemos, pero también nosotros tenemos algunas cosas que ellos no tienen. Debemos creer que Dios equipó a cada uno de nosotros con justamente lo que necesitamos para cumplir su llamado sobre nuestras vidas. Si no lo tengo, no debo necesitarlo, o no es el tiempo aún para tenerlo.

Pasé muchos días infelices y deprimida comparándome con otra gente. ¿Por qué no podía ser como Dave? ¿Por qué no podía ser dulce, misericordiosa y sumisa como la esposa de mi pastor? ¿Por qué no podía coser como mi vecina? ¿Por qué no puedo tener un metabolismo que trabaje más rápido para que yo pueda comer más y no engordar? ¿Por qué? ¿Por qué? ¿Por qué?

Dios nunca me contestó, pero sí me dijo lo mismo que le dijo a Pedro cuando él se comparó con Juan. En Juan 21:18-22, Jesús le había dicho a Pedro que iba a entrar en una temporada de sufrimiento. Jesús estaba hablando de la clase de muerte que Pedro iba a sufrir y así glorificar a Dios.

La respuesta inicial de Pedro fue preguntar qué le iba a pasar a Juan. Jesús prontamente le respondió "Si quiero que él quede (sobreviva, viva) hasta que yo venga, ¿qué a tí? (¿Qué te importa?) Sígueme tú," (v. 22).

Pareciera como si Jesús le estuviera diciendo a Pedro discretamente que no se metiera en lo que no le importa, y que no se comparara con Juan.

El Señor tiene un plan individual para cada uno de nosotros y a menudo no podemos entender lo que Él está haciendo o por qué lo hace.

Miramos a otra persona como el patrón para lo que debería sucedernos, pero ellos no pueden ser el patrón porque Dios tiene un patrón diferente para cada persona. El hecho de que todos tenemos huellas digitales diferentes, es la prueba de que no debemos competir entre nosotros y vivir en comparaciones injustas.

Es injusto compararnos con otros. Es injusto para nosotros, para ellos y para Dios. Esto pone presión en nuestras relaciones y le dice a Dios, "quiero limitarte a esto y nada más". ¿Qué tal si Dios termina dándole algo mucho mayor de lo que usted se imagina?

Nosotros estaríamos satisfechos con lo que vemos que otros tienen, pero Dios puede ir más allá de lo que pensamos. Gálatas 5:26 nos enseña que no debemos ser "envidiosos" y "celosos" el uno del otro. No debemos competir el uno con el otro.

Proverbios 14:30 dice: "Mas la envidia es carcoma de los huesos". Todo se siente como si se hubiera derrumbado. Gálatas 6:4 nos dice: "Así que cada uno examine su obra, y entonces tendrá gloria sólo respecto de sí mismo, y no en otro". En otras palabras nuestra meta debe ser "lo mejor que puedo ser". Debemos hacer lo que creemos que podemos ser sin provocar ser "más grande" que otra persona para sentirmos mejor con respecto a nosotros mismos.

Cuando nuestro valor como individuos es basado en Cristo, somos libres de la agonía de la competencia y las comparaciones. Esa libertad desata el gozo. La depresión es el resultado de buscar lo que no tenemos y lo que no podemos hacer. El gozo es el resultado de ser agradecidos en todo y considerarnos bendecidos de estar vivos y de conocer al Señor Jesucristo.

La depresión engendra más depresión

Las amistades que escogemos son importantes porque podemos empezar a parecernos a ellos. Daniel era un gran hombre de integridad y excelencia, y sus amigos eran iguales. Daniel no se comprometió, y tampoco se comprometieron Sadrac, Mesac y Abed-nego.

Una persona deprimida, sombría y negativa es insoportable. Si aquellos alrededor de la persona no son cuidadosos, se encontrarán comenzando a sentir del mismo modo que la persona deprimida. Si usted tiene que estar alrededor de alguien que con regularidad está deprimido, manténgase cubierto por la sangre de Jesús y pida protección contra el espíritu de depresión. Asegúrese de ser más agresivo contra la depresión que ella contra usted.

El Salmo 1:1 nos dice que no nos sentemos inactivos en el camino de los pecadores. Creo firmemente en ayudar a la gente, y esto incluye personas deprimidas, pero hay veces que ellos no quieren ayuda. Ellos quieren seguir deprimidos.

He tratado con individuos que son tan negativos, que no importa las cosas buenas que sucedan, ellos siempre responden con algo agrio y negativo. Así era yo hace un número de años atrás, y en realidad me molestaba cuando alguien intentaba animarme. Bien puedo recordar cómo Dave persistía en ser feliz, sin importar lo infeliz que yo me sentía. ¡Su alegría me enfadaba!

La gente deprimida quiere que otros estén deprimidos. La alegría los irrita. En realidad esto irrita el espíritu malo que los está oprimiendo. No estoy diciendo que las personas deprimidas están poseídas por el diablo. Digo que la depresión es el resultado de un espíritu malo que los oprime.

Sabemos que todas las cosas malas y malvadas

vienen de Satanás y sus demonios, entonces ¡vamos a enfrentarlos y a no ser ofendidos!

Si usted suele ser atacado por la depresión y sinceramente quiere vencerla, una de las cosas que puede hacer es asegurarse de pasar tiempo con personas felices. El gozo de Dave me irritó en mis días de depresión, pero su estabilidad y alegría también me hizo tener hambre por lo que él tenía. Al estar alrededor de él aprendí a cómo manejar situaciones negativas. Vi la diferencia entre cómo él y yo manejábamos las diferentes situaciones. Comencé a entender que su alegría no se basaba en la falta de retos en su vida — su alegría se basaba en la forma en que él manejaba esos retos — y su actitud hacia estos.

Los espíritus y la unción son transferibles. Es por eso que imponemos manos sobre la gente; esto es una doctrina bíblica. Setenta hombres fueron escogidos para ayudar a Moisés en el ministerio al que Dios lo llamó. Primero ellos tenían que rodear a Moisés — pararse junto a él — y Dios procuraría que el Espíritu que estaba sobre Moisés se extendiera sobre ellos. ¡Un principio verdaderamente poderoso!

Mi personalidad necesitaba cambiar. Una de las cosas que necesitaba cambiar era la inestabilidad de mi temperamento. Dios entendía por qué yo era de la manera que era. Me habían pasado muchas cosas a través de los años que habían desarrollado mi naturaleza emocional. Pero Él me estaba brindando sanidad también. En mi vida personal, Él me rodeó con gente sumamente estable.

Uno de esas personas era mi marido, otros fueron una pareja que vivió con nosotros durante once años. Ellos cuidaban de nuestra casa y ministerio mientras Dave y yo viajábamos. Paul y Roxane son personas muy estables.

Estas eran tres personas con quienes hablaba diariamente; comíamos juntos, veíamos películas, íbamos de compras, íbamos a la iglesia, hacíamos proyectos juntos, etcétera. Estaba tan rodeada por gente feliz y estable que muchas veces me sentí como un "defecto". La alegría y estabilidad de ellos me hicieron comprender que yo tenía que cambiar y me alegro de que hubiera sido así. Eso es lo que logran las relaciones con personas llenas de gozo y estabilidad.

Si usted está luchando contra la depresión, recuerde que sus amistades y relaciones son muy importantes. ¡No se asocie con gente deprimida si usted quiere vencer la depresión!

Lo último que necesitamos cuando estamos experimentando luchas con la depresión es reunirnos con otras personas que están deprimidas, desalentadas y siempre hablando de sus problemas. Necesitamos reír, cantar, regocijarnos, ocasionalmente gritar y pensar en cosas agradables.

7

Escuche lo que el Señor dice acerca de usted

Para alabanza de la gloria de su gracia, con la cual nos hizo aceptos en el Amado.

Efesios 1:6

7

❧

Escuche lo que el Señor dice acerca de usted

Dios no quiere que nos sintamos frustrados y condenados. Dios quiere que entendamos que Él nos acepta y nos ama tal como somos.

Satanás trata de decirnos lo que no somos, pero Dios sigue tratando de decirnos lo que sí somos: Sus amados hijos que son bien agradables para Él.

Dios nunca nos recuerda de cuán lejos hemos caído, Él siempre nos acuerda de cuán lejos nos hemos elevado. Él nos recuerda de cuánto hemos vencido, cuán bien estamos, cuán preciosos somos para Él y cuanto Él nos ama.

A Satanás le encanta decirnos que no somos aceptables ante Dios porque no somos perfectos, pero Dios nos dice que somos aceptados en el

Amado debido a lo que Él ya hizo por nosotros. Dios quiere que nosotros sepamos que su mano está sobre nosotros, que sus ángeles nos cuidan y que su Espíritu Santo está en nosotros y con nosotros para ayudarnos en todo lo que hacemos.

Él quiere que nosotros sepamos que Jesús es nuestro amigo fiel y que cosas buenas van a ocurrir en nuestras vidas cuando andamos con Él día a día.

Si usted y yo aprendieramos a escuchar a Dios y no a Satanás, Él nos animará y nos hará sentir bien acerca de nosotros. Él nos dará la paz sobre el pasado, la alegría para el presente y la esperanza para el futuro.

Recuerde: El gozo del Señor es nuestra fuerza y fortaleza.

Conclusión

Los principios que cambiarán su vida por lo general no son complicados. Su situación puede cambiar si usted aprende a aplicar el principio del gozo al inicio de algo que podría causarle depresión.

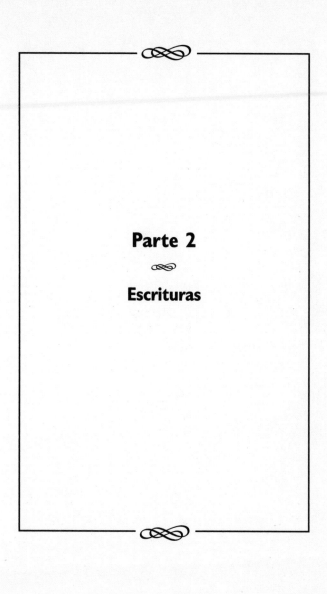

Parte 2

Escrituras

Escrituras para vencer
la depresión

Claman los justos, y Jehová oye, y los libra de todas sus angustias.

Salmo 34:17

Pacientemente esperé a Jehová, y se inclinó a mí y oyó mi clamor, y me hizo sacar del pozo de la desesperación, del lodo cenagoso; puso mis pies sobre peña y enderezó mis pasos. Puso luego en mi boca cántico nuevo, alabanza a nuestro Dios. Verán esto muchos, y temerán, y confiarán en Jehová.

Salmo 40:1-3

Está mi alma apegada a ti: tu diestra me ha sostenido.

Salmo 63:8

Esperé yo a Jehová, esperó mi alma; en su palabra he esperado.

Salmo 130:5

La lengua apacible es árbol de vida; mas la perversidad de ella es quebrantamiento de espíritu.

Proverbios 15:4

Levántate, resplandece; porque ha venido tu luz, y la gloria de Jehová ha nacido sobre ti.

Isaías 60:1

El Espíritu de Jehová el Señor está sobre mí, porque me ungió Jehová; me ha enviado a predicar buenas nuevas a los abatidos, a vendar a los quebrantados de corazón, a publicar libertad a los cautivos, y a los presos apertura de la cárcel; a proclamar el año de la buena voluntad de Jehová, y el día de venganza del Dios nuestro; a consolar a todos los enlutados; a ordenar que a los afligidos de Sion se les dé gloria en lugar de ceniza, óleo de gozo en lugar de luto, manto de alegría en lugar del espíritu angustiado; y serán

llamados árboles de justicia, plantío de
Jehová, para gloria suya.

Isaías 61:1-3

Porque Dios, que mandó que de las
tinieblas resplandeciese la luz, es el que
resplandeció en nuestros corazones,
para iluminación del conocimiento de
la gloria de Dios en la faz de Jesucristo.

2 Corintios 4:6

Por nada estéis afanosos, sino sean
conocidas vuestras peticiones delante
de Dios en toda oración y ruego, con
acción de gracias. Y la paz de Dios, que
sobrepasa todo entendimiento, guardará
vuestros corazones y vuestros pensamientos en Cristo Jesús. Por lo demás,
hermanos, todo lo que es verdadero,
todo lo honesto, todo lo justo, todo lo
puro, todo lo amable, todo lo que es de
buen nombre; si hay virtud alguna, si
algo digno de alabanza, en esto pensad.

Filipenses 4:6-8

Oración para combatir
la depresión

∞

Padre, en el nombre de Jesús, vengo a tí con la carga de mi depresión. Es una carga, no una necesidad y la coloco ante tus pies ahora, querido Señor.

Padre sustituye los sentimientos de abatimiento por tu gozo. Tu gracia es suficiente para mí. Entro en acuerdo con tu Palabra. Necesito estar en tu presencia. ¡En ti vivo, en ti me muevo y tengo mi ser! ¡Gracias!

Oración para recibir una relación
personal con el Señor

Más que nada, Jesús quiere salvarle y llenarle con su Espíritu Santo. Si nunca ha invitado a Jesús, Príncipe de paz, a que sea su Señor y Salvador, lo invito a que lo haga ahora mismo. Ore la siguiente oración, y si es sincero, va a experimentar una vida nueva en Cristo.

Padre,

Tú amaste al mundo tanto, que enviaste a tu Hijo unigénito para que muriera por nuestros pecados, para que todo aquel que en Él cree no se pierda, mas tenga vida eterna. Tu Palabra dice que somos salvos por gracia a través de la fe y esa gracia es un regalo tuyo. No hay nada que podamos hacer para ganarnos la salvación. Creo y confieso con mi boca que Jesucristo es tu Hijo, el Salvador del mundo. Creo que Él murió en la cruz por mí y cargó todos mis pecados, pagando el precio por ellos. Creo en mi corazón que tú resucitaste a Jesús de entre los muertos.

Te pido que perdones mis pecados. De acuerdo con tu Palabra, soy salvo y ¡voy a pasar la eternidad contigo! Gracias, Padre, estoy agradecido. En el nombre de Jesús. Amén.

Vea Juan 3:16; Efesios 2:8, 9; Romanos 10:9, 10; 1 Corintios 15:3, 4; 1 Juan 1:9; 4:14-16; 5:1, 12, 13.

Notas

Capítulo 1

1 *Diccionario Expositivo del Antiguo y Nuevo Testamento Exhaustivo*, (Caribe-Betania Editores, 1999).

Sobre la autora

Joyce Meyer ha venido enseñando la Palabra de Dios desde 1976 y en ministerio a tiempo completo desde 1980. Como pastora asociada en la iglesia Life Christian Center en St. Louis, Missouri, desarrollaba, coordinaba y enseñaba una reunión semanal conocida como "Vida en la Palabra". Después de más de cinco años, el Señor lo terminó, guiándola a establecer su propio ministerio y llamarlo "Vida en la Palabra, Inc.", hoy día se llama "Disfrutando la vida diaria".

"Disfrutando la vida diaria" se transmite por radio, televisión e Internet a través del mundo. Sus materiales de enseñanza son disfrutados por muchos a nivel internacional. Viaja extensamente dando conferencias Joyce y su esposo, Dave, administrador de Disfrutando la vida diaria, han estado casados por más de 40 años y tienen cuatro hijos. Los cuatro están casados y tanto ellos como sus cónyuges trabajan junto a Dave y Joyce en el ministerio. Joyce y Dave residen en St. Louis, Missouri.

Joyce cree que el llamado de su vida es establecer creyentes en la Palabra de Dios. Dice: "Jesús murió para liberar a los cautivos, y demasiados cristianos llevan vidas mediocres o derrotadas". Habiéndose encontrado en la misma situación hace muchos años, y habiendo encontrado la liberación para vivir en victoria mediante la aplicación de la Palabra de Dios, Joyce anda equipada para liberar a los cautivos y para cambiar cenizas por belleza. Joyce cree que cada persona que camina en victoria sirve de ejemplo para que otros puedan hacer lo mismo. Joyce lleva una vida transparente y sus enseñanzas son prácticas y pueden ser aplicadas a la vida diaria.

Joyce ha enseñado acerca de la sanidad emocional y temas relacionados en reuniones por todo el mundo, ayudando a miles. Ha grabado cientos de enseñanzas y es autora de más de 80 libros que ayudan al Cuerpo de Cristo en diversos tópicos. Muchos de sus libros son éxitos de ventas del *New York Times*.

Su "Paquete de sanidad emocional" (disponible en inglés) contiene más de 23 horas de enseñanza sobre el tema. Los álbumes incluidos en este paquete son: "Confianza"; "Belleza por cenizas"; "Controlando sus emociones"; "Amargura, resentimiento y falta de perdón"; "Raiz de rechazo"; y una grabación de 90 minutos con Escritura y música, titulada "Sanando a los acongojados". El "Paquete mental" (disponible en inglés) de Joyce tiene cinco diferentes series sobre el tema de la mente.

Otros títulos en esta serie:

¡Ayúdenme, siento soledad!

¡Ayúdenme, siento miedo!

¡Ayúdenme, siento estrés!

¡Ayúdenme, siento preocupación!

¡Ayúdenme, siento desánimo!

¡Ayúdenme, siento inseguridad!